AF264075

J.-B. LESCARRET

RÉPONSE

AUX ANARCHISTES

DANS

LA RÉUNION DU 26 JUIN 1886

Prix : 10 centimes.

BORDEAUX

FERET & FILS, ÉDITEURS

15, cours de l'Intendance, 15

—

1886

J.-B. LESCARRET

RÉPONSE AUX ANARCHISTES

dans la Réunion du 26 Juin 1886

CITOYENS,

Je tiens à expliquer nos situations respectives. Je ne suis pas un apôtre cherchant à convertir les hérétiques... encore moins à les brûler. Je n'ai pas le fanatisme de la propagande, et je laisse assez volontiers ses opinions personnelles et ses croyances à celui qui tient à les conserver.

J'ai été entraîné par les circonstances, peut-être aussi par la nature de mon esprit, à rechercher les causes des divisions et des troubles qui existent dans notre état social et industriel.

C'est le fruit de ces études, ou plutôt de mes réflexions, de mon expérience, d'une observation consciencieuse des faits que j'expose dans un Cours, dans la Presse et sous forme de brochures.

J'avais exposé mes idées sur le *socialisme* qui me paraissait sortir de la théorie pour entrer dans une voie d'*action,* voie dangereuse au bout de laquelle j'entrevoyais la désorganisation et la ruine de notre industrie et un accroissement de misère pour les ouvriers.

Vous avez cru devoir mettre à l'ordre du jour de vos réunions la réfutation de mes idées, et vous m'avez invité à y assister. Il y aurait eu mauvaise grâce de ma part à ne pas accepter cette invitation.

L'orateur qui s'est chargé de cette réfutation, le citoyen Lavaud, a commencé d'abord par déclarer l'économie poli-

tique « infirme, impuissante à rien saisir, à rien compren-
dre ». Je passe d'autres *aménités*, sans m'en émouvoir outre
mesure ; vous m'avez habitué à ce langage. Il faut avouer
que c'était couper court au débat.

Cette condamnation, je ne l'accepte pas. Je vous ai
dit, « c'est vrai ; il y a un abîme qui nous sépare, qui
rend nos discussions inutiles et stériles, c'est le point de
départ. Nous partons des deux pôles opposés ; l'un de
nous fait de la nuit, le jour. Éclaircissons d'abord le point
de départ ». Vous avez accepté le débat dans ces termes.

Voilà la situation. Ce n'est pas moi qui l'ai provoquée ;
j'ai accédé au désir que vous avez exprimé.

Ce n'est pas en vain, citoyens, que j'insiste sur ce point.
Il est certain que mes explications froisseront vos idées,
les impressions auxquelles vous êtes habitués et dont vous
vous êtes fait pour ainsi dire *une seconde nature.*

J'ai toujours considéré que l'économie politique était
impuissante à pénétrer dans des esprits déjà imbus d'idées
socialistes. C'est pour cela (je vous livre ici mon secret),
c'est pour cela que je recommande de commencer par
l'école primaire. Vous voyez que je ne me fais pas illusion
sur le milieu peu favorable dans lequel je suis placé.

C'est le point de départ qu'il faut éclaircir.

Vous prenez un ouvrier gagnant 3 fr. 50 par jour ; vous
le placez dans la situation la moins favorable, avec une
femme ne pouvant se livrer à aucun travail, des enfants ;
n'ayant aucun appui de sa famille, de ses amis. Cette
situation se rencontre assurément, mais elle n'est pas
générale, elle n'est pas absolue. Et vous me dites : « Économiste qui soutenez l'édifice croulant de notre état social,
trouvez-vous cette situation enviable, la trouvez-vous tolé-
rable ! »

Vous ne vous arrêtez pas là. Renforçant et noircissant
le tableau, vous prenez un ouvrier n'ayant pour tout
capital que ses bras et ses forces musculaires, cherchant
vainement à les mettre au service d'autrui, frappant à
toutes les portes sans trouver de travail, et vous vous

écriez : « Économiste sans entrailles, le laisserez-vous mourir de faim ! »

Ah ! que j'aurais la partie belle si je procédais de la même manière à votre égard ! Mais non, cela n'éclaircirait pas la question, car les termes en sont mal posés.

De l'insuffisance du salaire et du manque de travail, vous en rendez la société responsable — et un peu aussi les économistes, — et sur cet « édifice vermoulu », au nom du socialisme, vous voulez substituer une autre organisation sociale et industrielle.

Si l'enjeu n'en était pas si dangereux, je voudrais bien voir cette nouvelle organisation, dont vous n'indiquez même pas les bases d'une manière précise ; je voudrais bien la voir à l'œuvre et assister à son fonctionnement ! Mais laissons cette parenthèse et voyons la responsabilité de la société.

Cette responsabilité, où la puisez-vous ? « Dans les droits de l'homme, » dites-vous, dont vous faites découler :

Le droit au travail ;

Le droit à l'assistance ;

En un mot, ce que vous appelez « le droit de vie ».

Les « droits de l'homme » d'après les lois, d'après la raison et la justice, consistent : dans la liberté laissée à chacun de travailler, d'exercer l'industrie qui lui convient, de disposer librement des fruits de son travail.

Vous ne pouvez dégager l'individu de sa responsabilité, sans l'asservir.

Il y a du reste une mesure plus précise et qui ne peut nous tromper. La société doit à chacun de nous ce dont elle nous a privés.

Nous sommes ici au cœur de la question.

Pour condamner notre organisation sociale et industrielle, il faut savoir quel serait notre sort si cette organisation n'existait pas. Je ne procèderai pas par des arguments, par des hypothèses ; je me bornerai à mettre sous vos yeux des faits que tout le monde peut constater.

Il existe encore, en assez grand nombre, des peuplades

qui ne connaissent pas l'organisation sociale que vous condamnez, qui ne connaissent ni la propriété, ni l'industrie, ni les machines, ni la concurrence. Là tout est commun, les forêts, les jungles, les serpents et les bêtes fauves. Voyons, est-ce que ces peuplades sont à l'abri de la souffrance et de la faim? Est-ce qu'elles n'endurent pas des privations plus cruelles que celles de nos populations laborieuses?

Il y a un point de vue qui vous échappe ou dont vous ne tenez pas compte : c'est que le dénuement et l'incertitude du lendemain sont le lot de tous à l'origine.

Vous êtes encore sous l'empire de cette idée : « d'une terre promise dont quelques-uns se sont emparés au détriment des derniers venus. »

« La terre promise » vous l'avez devant vous! ce sont les terres incultes; elles ne manquent pas, car elles couvrent encore les trois quarts du globe terrestre. On vous les offre gratuitement; vous n'en voulez pas! Et vous avez raison, car les premiers qui prennent possession du sol pour lui faire produire des fruits, ce sont des pionniers, des héros, quand ce ne sont pas quelquefois des martyrs.

Quoi, vous en êtes encore à cette fantaisie Proudhonnienne : d'un homme possesseur d'une île, repoussant avec une fourche le naufragé que les flots poussent vers ses bords! Ah! si Robinson avait vu arriver un étranger, il ne l'aurait pas repoussé, il lui eût tendu la main au contraire... comme il la tendit à Vendredi. Ce sont là des images forcées en dehors de la réalité et des faits qui ne peuvent qu'égarer la raison.

La société, ou la civilisation, si vous aimez mieux (civilisation relative, car le progrès est indéfini), la société, dis-je, appuyée sur la triple base du travail, du capital et de la propriété, a fait sortir peu à peu un nombre de plus en plus grand de cet état de dénuement originaire; en fécondant le sol, en créant des milliers d'industries, elle a centuplé la production et accru les moyens d'existence dans la même proportion.

Vous dites : « Il y a encore trop de malheureux; pour quelques-uns la vie est encore trop pénible, » et, de cet état de choses, vous en attribuez la cause :

A l'appropriation du sol;

A l'appropriation des instruments de travail.

Vous voulez que tous ces biens « usurpés sur la Communauté » fassent retour à la Communauté, à la Collectivité, qui en fera la répartition entre les travailleurs. Suivant cette pente, vous en arrivez à condamner la grande industrie, les machines, la concurrence, et, hélas! vous en arrivez aussi à condamner l'épargne!

Donc plus de propriété individuelle, plus d'exploitation par le capital et... (est-ce que vous ajouterez aussi...) plus de travail! Nous voguons en plein collectivisme, en plein communisme.

Eh bien! je vais sans doute vous surprendre. Vous voulez que tout devienne collectif? Je n'y vois pas d'obstacle. Persuadez aux paysans qu'ils ont intérêt à mettre leurs biens en commun et à s'en partager fraternellement les fruits; le partage ne sera peut-être pas très facile, mais si vous avez de bonnes raisons à leur donner, peut-être les convertirez-vous. Faites en autant pour les industriels, pour les commerçants, pour les artisans. Persuadez-nous que nous avons intérêt à faire de notre société active, laborieuse, une sorte de phalanstère, de vaste couvent où chacun, ployé sous le joug d'une servitude commune, recevrait la part nécessaire à ses besoins; — si c'est là votre idéal, allez! la carrière est ouverte devant vous, car je ne connais pas de lois qui s'opposent à cette transformation.

Ce n'est pas ce que vous voulez, je le sais! Vous n'avez pas assez foi dans l'efficacité de votre propagande, et vous demandez l'intervention de la loi, ou de la violence pour opérer ce que vous appelez « la révolution sociale ».

Voyons, descendez dans vos consciences! avez-vous la certitude que ce nouvel état social n'entraînerait pas plus de souffrances, de déceptions, de luttes, de misères que celles qui existent aujourd'hui? Le communisme, les biens sans distinction et sans partage, mais c'est de l'histoire ancienne! Tout cela a existé, lorsque les populations étaient rares, clair-semées, et c'est pour sortir de l'état de misère qu'engendrait cet état social, c'est pour accroître les moyens d'existence que la propriété individuelle s'est formée, que les capitaux se sont accumulés. Ce n'est pas la force de la loi qui l'a voulu ainsi, c'est la force de la nécessité.

Comme le médecin de Molière, *vous voulez changer tout cela;* vous voulez placer le *cœur à droite.* « La propriété individuelle et le capital, voilà l'ennemi! » Tout cela, dites-vous, est le résultat de la rapine et de l'agiotage.

Il faut avouer que votre justice est un peu sommaire et qu'elle ressemble fort à cette justice Turque, qui faisait étrangler tout un village afin d'être sûre d'atteindre le coupable qui s'y était réfugié.

On nous a reproché de ne pas faire assez de statistique; le reproche n'est qu'à demi fondé. Mais il y a un reproche plus sérieux que j'adresserai aux socialistes, c'est de ne pas observer les faits les plus simples et de se complaire à charger en couleurs des tableaux qui n'ont aucun rapport avec la question, qui peuvent prêter à des mouvements oratoires, mais qui ne disent rien à la raison quand ils ne servent pas à l'égarer.

L'orateur qui a combattu mes articles sur le *Socialisme en action,* le citoyen Lavaud, en est un exemple frappant. La moitié de son discours a consisté à nous peindre l'agiotage de la Bourse et à faire passer devant vos yeux, comme un mirage et un *appât,* des millions et des milliards qui se mêlaient un peu dans son mémoire et dans son esprit. Quel rapport cela a-t-il à la question?

Voulez-vous interdire la spéculation? Elle est l'âme du commerce; dans l'industrie elle joue le rôle du pionnier, marchant de l'avant et prévoyant à ses risques et périls les besoins des populations. Je parle de la spéculation honnête. Et comment établir une ligne de démarcation? A côté de cent joueurs à la Bourse, il y a des millions d'artisans qui arrivent à la possession d'un capital par le travail, la prévoyance et l'épargne. Mais encore un coup, quel rapport cela a-t-il à la question? Laissons les agioteurs; pour un qui s'enrichit, il y en a cent qui se ruinent. Après tout l'agiotage ne forme pas les capitaux; il les déplace seulement. Ce qui contribue à former les capitaux, c'est le TRAVAIL, car la nature se borne à nous en fournir les éléments.

Ces capitaux formés sous leurs aspects variés : fermes, — usines, — machines, etc., etc., vous voulez que la répartition en soit faite entre les travailleurs.

Je vous ai dit que cette répartition se fait tous les jours; je ne l'ai pas dit seulement, je l'ai justifié. Cette répartition se fait incontestablement pour le sol, pour la culture de la terre, qui formera toujours la principale industrie. Cet instrument de travail est aujourd'hui dans les mains de près de 4 millions de propriétaires. Je dis *quatre millions,* car l'équivoque que vous me prêtiez au sujet des cotes foncières, n'existait pas dans mes articles sur le *Socialisme,* vous le saviez bien.

Les Contributions directes accusaient, en 1880, 14 millions 264,388 cotes foncières; et en posant ce chiffre, qui ne peut être contesté, j'ajoutais : « Je ne veux pas dire qu'il y ait en France 14 millions de propriétaires et encore moins qu'ils soient tous riches, heureux et contents; le même propriétaire peut être porté sur plusieurs cotes, etc. » Vous voyez qu'il n'y avait ni confusion ni erreur de ma part. Le nombre des propriétaires grands et petits (petits surtout) était en 1880 de 3 millions 800,000. J'ajoutais : « que la propriété s'offrait à qui voulait la prendre ». Me démentirez-vous? Vous avez encore affiché sur les murs : « Plus de Maréchale! 10 centimes le mètre; 10 ans pour se libérer ». Il ne s'agit pas de terres lointaines, mais de propriétés qui vous touchent; après la *Maréchale* est venu *Montrepos,* qui s'offre dans les mêmes conditions.

Au lieu d'emprunter à J.-J. Rousseau ses tirades : « sur le premier qui creusera un fossé…, » qui n'ont plus véritablement de raison d'être aujourd'hui que la terre s'offre au premier venu, pourquoi ne deviendriez-vous pas à votre tour « un de ces privilégiés », un de ces « oppresseurs de la communauté ». Quelques centimes à payer dans dix ans, ce n'est pas très lourd.

Pour les instruments de travail, pour les outils nécessaires à l'exercice de l'activité de chacun de nous, notre siècle a réellement fait des merveilles pour les multiplier et pour en réduire le prix.

Ce n'est pas assez, dites-vous; il faut que la propriété individuelle disparaisse; il faut que le capital industriel soit réparti entre les travailleurs. Précisons bien les termes car j'ai horreur des équivoques.

Vous voulez que le capital industriel soit réparti entre les travailleurs? Je réponds : cette répartition se fait aujourd'hui par les moyens que j'ai indiqués. Ces moyens vous ne les approuvez pas; vous voulez que le capital industriel soit réparti... gratuitement sans doute? car autrement nous serions d'accord. Cette transmission se fait aujourd'hui librement, par la voie des transactions volontairement consenties. Il est vrai que ces transactions sont assorties d'un prix; celui qui possède un instrument de travail : outils, machines, matières premières, usines, terres cultivées, etc., pour s'en dessaisir exige une valeur d'une autre nature, mais équivalente.

C'est là le vice, dites-vous, c'est ce privilège propriétaire et *capitalistique* qui est la cause de tous les maux dont souffrent les travailleurs. Allons au fond des choses et ne nous payons pas de phrases et de mots.

Vous voulez que les possesseurs du capital actuel soient dépouillés; voilà pour le passé. Pour l'avenir, vous demandez que le fruit du travail de chacun de nous ne donne pas un droit exclusif (car ce serait reconnaître la propriété individuelle), mais que ces fruits tombent dans une masse commune pour l'attribuer à chacun suivant ses besoins.

Vous êtes-vous bien rendu compte de cette conception? Je laisse de côté l'injustice de cette dépossession; j'y reviendrai. Mais qui ferait cette répartition entre les travailleurs? Qui déterminera les droits et les besoins de chacun?

Vous ne voulez pas de la propriété individuelle, qui est la consécration des droits du travail libre.

Vous ne voulez pas du libre débat, de la concurrence qui déterminent pacifiquement le prix de nos services réciproques? Qui sera juge des besoins, des convoitises et des appétits de chacun? Ne voyez-vous pas que vous rejetez la société dans la barbarie primitive, dont elle ne pourrait sortir qu'en abdiquant dans les mains d'un Pouvoir omnipotent exerçant une autorité despotique dont l'imagination est effrayée !

Passons toutefois sur ces dangers et voyons le mobile qui vous inspire.

Vous dites : « Dans notre organisation sociale et industrielle, le travailleur n'a pas la part qui lui revient. Le capital prélève injustement une portion du salaire, et ce sont ces prélèvements iniques qui ont contribué à former le capital, — capital usurpé aux travailleurs et qui doit leur revenir. »

C'est la théorie de Lassalle, de Karl Max, développée et amplifiée par Jules Guesde dans son journal *l'Égalité*, et par le livre récent de Drumont sur l'agiotage, qui tend à ajouter le ferment des haines religieuses à toutes les causes de division qui existent déjà.

Je ne me dissimule pas le danger de cette campagne. Jeter par des tableaux chargés en couleurs, par des calculs captieux auxquels on donne les apparences d'une certitude mathématique, — jeter dans l'esprit des travailleurs manuels cette pensée que notre organisation sociale les opprime et les dépouille, c'est semer les germes d'une lutte qui doit peu à peu désorganiser l'atelier, affaiblir notre industrie, diminuer la production et accroître la misère. Déjà nous ressentons les effets de la propagande de ces idées. La grève est partout; quand elle n'a pas encore éclaté, elle plane dans l'air et elle couve dans les cœurs.

Que ceux qui rêvent le renversement de l'édifice social par ressentiment politique ou par ambition inassouvie se réjouissent de cet état de choses, je le comprends....., sans l'approuver. Mais ici, ce n'est pas le mobile qui nous inspire. Nous recherchons l'amélioration du sort des travailleurs; nous différons seulement sur les moyens d'y parvenir.

Vous considérez le salaire comme un reste de servitude et vous voulez l'abolir. Le capital et la direction, dites-vous, prélèvent la part du *lion*, et ne laissent aux salariés que ce qui est rigoureusement nécessaire pour l'*entretien* de la machine humaine.

Vous déclarez l'épargne impossible; mieux que cela, vous la condamnez! enlevant ainsi aux travailleurs non seulement tout espoir, mais même tout désir d'améliorer leur condition par les voies rationnelles et justes.

La seule issue (si vous ne le dites pas ouvertement, vous l'inspirez), la seule issue c'est la révolte. Ce tableau est-il vrai?

Si nous consultons le rapport du Ministère des finances, nous voyons que les Caisses d'épargne étaient créancières de la Caisse des Dépôts et consignations au 31 décembre 1883, de *2 milliards 48 millions*, et que l'année 1884 avait donné un excédent de *208 millions*. Je n'ai pas besoin de faire remarquer que les Caisses d'épargne ouvertes, dans les petites localités, depuis quelques années seulement, et dans les grandes villes depuis trente et quarante ans, ne forment pas, pour les classes laborieuses, le seul moyen de placer leurs économies. Mais enfin 2 milliards d'économies dans un espace en moyenne de trente ans, c'est quelque chose et prouve bien que les salaires ne se mesurent pas rigoureusement aux *besoins d'entretien*.

Non, dites-vous, ce ne sont pas les ouvriers, ce ne sont pas les travailleurs qui ont fait ces économies, mais la domesticité qui a fait *danser l'anse du panier*, mais les valets des riches « qui ont volé les voleurs ».

Cette plaisanterie au *gros sel* a pu faire rire l'auditoire, mais elle ne l'a pas éclairé. Prenons le compte-rendu de la Caisse d'épargne de Bordeaux, et voyons si ce sont seulement les *domestiques* et les *valets* qui ont contribué à l'alimenter.

Les 5,837 livrets nouveaux délivrés en 1882 se répartissent ainsi entre les diverses professions :

Vignerons, cultivateurs et jardiniers	1,228
Tonneliers	577
Journaliers	418
Couturières, tailleuses	317
Lisseuses, blanchisseuses	126
Cordonniers	125
Boulangers	117
Tailleurs d'habits	108
Marchands	105
Menuisiers	103
Chemisières, lingères	93
Charretiers	91
Aubergistes, logeurs	87
Charpentiers de haute futaie	85
Charrons, forgerons	80
Mécaniciens, ajusteurs	80
Maçons	76
Tailleurs de pierre	75
Peintres, vitriers	71
Épiciers	65
Marchands colporteurs	64
Perruquiers, coiffeurs	61
Cochers	60
Serruriers	53
Terrassiers	51

Au-dessous de 50 livrets, la répartition s'opère entre des ouvriers appartenant à 103 industries différentes qui comprennent, à peu de choses près, toutes les professions, même les plus humbles, telles que : garçons palefreniers, bergers, vachers, résiniers, verriers, arrimeurs, sabotiers, tuiliers, charbonniers, remouleurs, étameurs, matelassiers, ferrailleurs, paveurs, raboteurs, etc., etc.

Nous ne faisons pas de statistique, dites-vous. Avouez donc plutôt que vous ne les lisez pas ou que vous fermez obstinément les yeux afin de ne pas voir les faits qui pourraient vous éclairer.

Ici, je ne discute plus avec vous, c'est une prière que je vous adresse. Si vous avez réellement souci du sort des

classes laborieuses, ne condamnez pas l'épargne, car c'est
la source même de la vie sociale que vous tarissez.

Comment! vous en êtes encore à cette conception : d'un
sou économisé mis dans un bas, distrait de la consomma-
tion et de la circulation, et appauvrissant ainsi la société!
Mais ceux qui laissent dormir leurs économies dans un bas,
ne se retrouvent plus que dans les romans de Balzac ou
dans quelque campagne arriérée.

L'épargne, c'est le puissant levier avec lequel l'homme
a pu sortir de son impuissance originaire pour aborder
toutes les œuvres gigantesques dont notre siècle est témoin.
C'est avec l'épargne qu'il a pu confectionner la bêche, la
charrue, la machine à vapeur; c'est au moyen des épar-
gnes accumulées que l'Europe a pu se couvrir de chemins
de fer. L'épargne, mais c'est la source du crédit, c'est par
elle et avec son aide que l'industrie a pu se créer. Si
chacun de nous eût consommé journellement ce qu'il
avait produit, comme le font encore quelques peuplades
sauvages, quel serait le sort de ceux qui viennent dans
ce monde dépouillés de tout?

Oui — mais ce capital, dites-vous, impose des conditions trop dures; il prélève sur le salaire une trop large
part.

Je vous demande pardon de vous tenir si longtemps,
mais le débat est important, et c'est le dernier argument
que j'examinerai.

L'un de vous, le citoyen Jourde, je crois, me disait que
j'étais moi-même un salarié de l'*ordre administratif*. J'en
conviens; de même que les députés et sénateurs sont des
salariés de l'*ordre politique*. Nous pourrions généraliser la
thèse et dire que tout homme qui travaille, qui rend dans
la société une nature particulière de services, reçoit un
salaire, c'est-à-dire une rémunération équivalente. Il faut
ajouter que chacun désire que cette rémunération soit le
plus élevée possible. Ce désir n'est pas particulier aux
ouvriers; il est général dans la société.

Qui déterminera le taux de cette rémunération? Qui sera

juge entre des appréciations et des exigences contraires? Pour résoudre le problème, deux voies sont ouvertes.

La première consiste à faire abnégation de nos droits, de notre liberté, et de nous en remettre au Pouvoir du soin de déterminer le prix de nos efforts et de notre travail.

La seconde consiste à déterminer nous-mêmes ce prix, librement, volontairement, en acceptant avec résolution la responsabilité de notre destinée.

Je le proclame bien haut : je suis pour le dernier moyen.

Vous répondez, il est vrai, que cette liberté est illusoire pour l'ouvrier; que le capital et la direction sont organisés de manière à prélever la plus large part des salaires revenant légitimement aux travailleurs.

Je n'entrerai pas dans tous les calculs fantastiques sur lesquels repose cette théorie des salaires et au moyen desquels on essaie de justifier cette assertion. Le temps me presse et je ne veux pas abuser de votre patience. Je me bornerai en peu de mots à exposer la base qui sert d'appui à ces calculs, laissant à votre raison le soin d'apprécier l'erreur qu'elle renferme.

Dans toute industrie, il y a trois facteurs :

Le capital, qui réunit les éléments du travail et de la production; la direction qui organise, et la main-d'œuvre qui donne son concours. De ces trois facteurs vous éliminez les deux premiers dans la répartition, et vous attribuez tous les bénéfices au troisième. Voilà tout le mystère.

Sans doute, en prenant cette base vous arrivez à des résultats monstrueux; mais c'est la base elle-même qui est monstrueuse et inique !

Quoi! le capital n'a pas droit à une part dans le produit! Mais sans le capital, que produirions-nous avec nos seules forces musculaires?

Quoi! vous voulez éliminer du partage la Direction qui organise, qui prévoit, qui ouvre des débouchés! Mais une bonne direction c'est l'âme d'une entreprise, la condition de sa réussite.

Mais, après tout, les moyens de contrôle pour apprécier

la réalité ou l'erreur de ces calculs ne nous font pas défaut. Les trois facteurs dont je parle peuvent se réunir et se donner la main, mais ils peuvent se confondre; non seulement ils le peuvent, d'après nos lois, mais de nombreux essais de sociétés *coopératives de production* ont été tentés. Ici il n'y a plus de prélèvement fait par le capital, par la Direction; tous les profits appartiennent aux travailleurs associés.

Les travailleurs ont-ils trouvé là une source inespérée de fortune? Ont-ils retrouvé cette part monstrueuse « qui leur était ravie par le capital? »

J'affirme qu'il n'en a pas été ainsi; j'affirme (et cela en connaissance de cause) que la plupart de ces sociétés, au prix d'un labeur excessif, d'une énergie peu commune, n'ont pas eu une part sensiblement supérieure au salaire normal attribué aux ouvriers de la même profession.

Ce prélèvement anormal, posé comme une règle générale, comme une conséquence fatale de notre organisme industriel est donc une illusion et une erreur.

Erreur qui peut faire beaucoup de mal, qui peut engendrer bien des luttes, qui peut désorganiser notre industrie (déjà si éprouvée), mais qui n'ajoutera pas un centime au salaire des ouvriers, qui le diminuera au contraire, car vous ne changerez pas la *nature des choses* et le salaire sera toujours en rapport avec le bien-être général qui règne dans un pays, et le bien-être ne peut sortir de la lutte des intérêts et de la discorde qui n'engendrent que la misère.

Je ne dis pas qu'il n'y ait rien à faire. J'ai indiqué les remèdes dans les articles que vous avez combattus. Ces remèdes, vous ne les acceptez pas. Il y a une horloge qui retarde; je propose de la régler. Non, dites-vous, il faut la briser et nous en partager les débris. Je vous prédis, sans être prophète, qu'en brisant l'horloge vous n'aurez pas l'heure et que les débris seront sans valeur. C'est une image, mais elle est vraie. Il existe des moyens rationnels pour augmenter le taux des salaires, mais ce n'est pas assurément en tarissant la source où ils se puisent.

En terminant, je pose cette affirmation que je place au-dessus de toutes vos dénégations.

« C'est par le respect de la propriété que l'homme est sorti de la barbarie et de la servitude ;

» C'est par l'épargne qu'il a pu sortir de son impuissance, et ajouter à ses forces bornées les forces indéfinies que renferme la nature. »

En brisant ces deux puissants leviers, vous feriez revenir la société de dix siècles en arrière.

Je ne désespère pas assez de la raison pour craindre sérieusement ce retour, et sans méconnaître l'influence funeste de cette propagande aveugle qui s'inspire de l'erreur, de l'envie et de la haine, j'espère encore que les ouvriers, mieux éclairés, en comprendront le néant et le danger.

FIN.

Bordeaux. — Imp. G. Gounouilhou. rue Guiraude, 11.